Michael Noll

Das Königreich der flammenden Fantasie

Rediroma-Verlag

Bibliografische Information der Deutschen Nationalbibliothek:
Die Deutsche Nationalbibliothek verzeichnet diese Publikation in der Deutschen Nationalbibliografie; detaillierte bibliografische Daten sind im Internet über http://portal.dnb.de abrufbar.

ISBN 978-3-96103-804-6

Umschlagillustration:
963 Creation (shutterstock.com)

www.rediroma-verlag.de
6,95 Euro (D)

Michael Noll

Das Königreich der flammenden Fantasie

Inhalt

Der verloren gegangene, entführte Prinz

Es war einmal ein Prinz. Es war ein echt gutaussehender Prinz. Er war auch sehr reich und besaß Schlösser und Burgen. Er hatte auch eine Familie. Seine Frau, die Königin Madlene de Montana lebte mit Kind allein und getrennt von ihrem Mann, König Dietrich de Montana, weit oben an einem Berg in einer Hofburg. Die Burg nannte sich auch die Burg der höflichen Sitten. Die Königin Madlene hatte nämlich stets ihre Diener, die die Tische von morgens bis abends für sie deckten, während sie ihr Kind von Tag zu Nacht stillte. Die schöne Madlene hatte auch ihre Dienstangestellten, die, wenn die Madlene mal keine Zeit hatte, Milch und Frischfleischkost abzuholen, runter zum nächsten Feld fuhren, um für ihre Königin Milch und Fleisch abholten.

Die Königin besaß sogar zum eigenen Schutz gegen Feinde eine Waffenkammer. Den Schießhof, den sie besaß, nutzte sie dazu, um zu lernen, wie man mit Waffen umgeht, um in größter Not ihren Feind in der Gemeinschaft zu schlagen.

Eines Tages kehrte aber Finsternis über das Schloss des Prinzen Dietrichs ein. Da gab es nämlich noch eine gefährliche Dame. Sie nannte sich die schwarze Hexenkönigin, auch genannt Lügenbaronin von Ratjana de Blacksteffers. Sie überfiel mit ihren schwarzen Rittern die Burg des Prinzen Dietrichs und nahm ihn als Sklaven zur Unterkunft zu ihr nach Hause. Die schwarzen Ritter der Königin Ratjana de Blacksteffers raubten sein Schloss, bis nichts mehr übrig war. Sie sammelten alles Silber, Gold und Diamanten ein. Das taten sie alles für ihre Königin.

Das bekam eines Tages Königin Madlene de Montana mit und als ihr Sohn schon bald heranwuchs und erwachsen war; erzählte sie ihm alles. Das machte beiden zu schaffen. Doch sie ließen sich nicht unterkriegen und reisten bald schon ins Reich der Bösen, wo die schwarze Hexenkönigin, die Lügenbaronin, im schwarzen Schloss hauste.

Die Königin bewaffnete sich vorsichtshalber mit Dolchen und Schwertern. An einem Tag waren sie so gut drauf, dass sie sich auf den Weg machten. Sie gingen aus dem Schloss und der Sohn betrat die Pferdekammer, suchte sich ein Pferd aus, striegelte es ordentlich und stieg drauf. Er ritt mit dem Pferd zur goldenen Kutsche und befestigte sie. Dann ritt er wieder zum Eingang vor der Zugbrücke, wo die edle Dame, seine Mutter, die schöne Königin Madlene de Montana, auf ihn wartete.

Ihr Sohn, Prinz Julios de Montana, öffnete für sie die Kutschentür und führte sie mit Anstand, wie es sich für einen Prinzen gehörte, durch die Tür und schloss sie anschließend wieder. Nun sattelte er sich noch aufs Pferd.

Seine Mutter fand in der Kutsche noch einen alten Revolver. Sie nahm ihn zur Sicherheit auch noch mit. Nun waren sie sehr gut bewaffnet.

Seine Mutter öffnete das Dach der Kutsche und schoss. Es war das Startsignal. Es ertönte sehr heftig. Schon begann die Reise ins Reich der Schattenwelt, wo die böse Baronin, Madame Ratjana de Blacksteffers herrschte. Es war eine lange Reise. Doch sie war zu bewältigen. Sie ritten durch endlose Wälder, Flüsse, Bäche, Täler und Sümpfe.

Irgendwann mussten sie nur noch durch ein Sumpfgebiet, das mit Nebel bedeckt war. Der Sumpf nannte sich auch der Sumpf der Finsternis, weil er durch den Nebel kaum zu sehen war. Nun hatten sie es auch geschafft. Vor ihnen sahen sie das gewaltige Schloss der Hexe.

Sohn Julios stieg vom Pferd runter. Er öffnete die Pferdekutsche und begleitete seine Mutter durch den Ausgang. Sie gingen beide in Richtung Eingang des Schlosses. Nun senkte sich auch die Zugbrücke für sie.

Vor dem Eingang standen zwei Wächter, die das Schloss mit Speeren bewachten. Sie hielten den Eingang mit zwei Speere geschlossen. Königin Madlene de Montana und ihr Sohn Julios gingen zusammen in Richtung Eingang, wobei sie den Wächtern immer näher kamen.

Nun öffnete sich auch die Tür des schwarzen Schlosses. Plötzlich stand dicht neben den Wächtern die schwarze Herrin des Schlosses. Sie hatte eine Peitsche in der rechten Hand und sie peitschte auf den Boden, so ganz wild, und befahl den Wächtern, sie beide zu töten. Die Wächter gingen auf Madlene und Julios zu. Doch Madlene wehrte sich und sie stieß mit ihren Schwert zurück. Nun drang, während der andere Wächter auf Königin Madlene zuging, Königin Ratjana de Blacksteffers auch noch auf Madlene ein. Sie peitschte ihr das Schwert aus den Händen und es fiel zu Boden.

Nun mischte sich aber auch Sohn Julios ein und er schoss mit Madlenes Revolver auf sie. Es traf aber leider den anderen Wächter, sodass die schwarze Herrin die Flucht ergriff. Sie verschwand wieder durch das Eingangstor. Sohn Julios wendete gerade den letzten Schuss an, doch es erwischte die Eingangstür, die die Hexe hinter sich zuschob.

„Was machen wir denn jetzt?“, fragte Julios seine Mutter Madlene von Montana.

Sie antwortete: „Wir gehen natürlich dort rein und befreien deinen Vater Dietrich.“

„Okay, Mama, dann machen wir das.“

Sie gingen beide in Richtung Eingangstor und öffneten es. Als sie drinnen ankamen, sahen sie einen riesigen Raum vor sich und die schwarze Hexe saß auf ihrem Thron. „Kämpft mit mir, Königin Madlene. Wenn Ihr den Kampf gewinnt, bekommt Ihr Euren Mann wieder. Falls nicht, behalten wir ihn."

Der Kampf begann: Die Hexe schmiss einen Dolch in Richtung Madlene, den zweiten in Richtung Julios. Beide verfehlten. Dann gab Julios seiner Mutter den goldenen Revolver zur Hand und er sagte zur Mutter: „Versuche dein Glück." Sie schoss. Doch während des Schusses, den sie ansetzte, drehte die Hexe sich ein paar Mal kreisförmig, wobei ihr Mantel dabei in der Luft schwebte und auf einmal stand sie direkt neben Madlene und Julios. Sie griff nach dem Dolch, den sie zuletzt an die Wand schmiss. Doch rechtzeitig schubste Julios sie zur Seite, sodass sie nicht mehr zum Angriff kam. Nun war die schwarze Hexe so erbittert darüber, sodass sie Feuer spuckte. Madlene hatte es rechtzeitig geschafft, ein Eisenblechschild von einer Rüstung abzunehmen, sodass sie das Feuer abfing. Dann war die Hexe ebenfalls so boshaft, sodass sie gleichfalls zur Ritterrüstung griff, nach einem Schwert. Nun griff sie nach einem zweiten Schwert und schmiss es zu Madlene rüber. Sie sagte nur zu Königin Madlene: „Kämpft mit mir."

Und sie kämpften. Es war nicht gerade ein einfacher Kampf mit der Hexe. Kein Wunder war das auch, bei einer so hartnäckigen Hexe. Sie kämpften mit gewaltigsten Kräften. Der Kampf endete am Thron der Hexe. Die Hexe wendete mit ihren Schwert einen letzten Schlag an und stieß zu. Doch Königin Madlene wehrte den Schlag rechtzeitig ab und schlug mit ihrem Schwert zurück. Die Hexe hingegen war nicht nachtragend und gab auch so schnell nicht auf. Sie hielt ihr Schwert dagegen und wehrte somit den Schlag ab, während sie auf ihren Thron fiel. Doch ihr Schwert zerbrach, zumindest ein Teil davon. Da gab auch nun endlich die schwarze Hexe, Lügenbaronin Ratjana de Blacksteffers, auf und die Königin Madlene sprach nur noch zur Hexe: „Na, gibst du jetzt endlich auf?"

Die Hexe reagierte nur mit der Antwort: „Spirit montanus!"

Plötzlich bebte die Burg und es fing an zu donnern und zu blitzen. Der Thron, auf dem die Hexe saß, neigte sich nach hinten und als der Thron sich wieder nach vorne bewegte, war die Hexe auf einmal spurlos verschwunden. Das antike Gold um den Thronstuhl verwandelte sich in Gift- und Klapperschlangen. Im eilenden Tempo, so schnell und zügig, wie sie konnten, liefen Julios und Madlene auf Dietrich zu und befreiten ihn von den Eisenketten. Da hörten sie nur noch Schreie und gleichzeitig lautes Gelächter von der Hexe. König Dietrich wäre fast in Ohnmacht gefallen, als er sie sah, so froh war er, wieder unter ihnen zu sein.

„Was macht ihr denn hier und woher wusstet ihr denn von der schwarzen Hexe, der Lügenbaronin Ratjana de Blacksteffers?“

„Das erzählen wir dir später, wir haben jetzt keine Zeit für Unterhaltungen. Hier geht gleich alles zu Bruch und wir müssen so schnell wie es geht hier raus, okay? Außerdem verteilen sich die Schlangen schon im ganzen Schloss“, erwiderte die Königin Madlene.

König Dietrich war einverstanden. Die drei, Sohn Julios, Königin Madlene und König Dietrich de Montana, sputeten sich nach draußen. Im jeden Moment würde die Burg einstürzen und das würde sie das Leben kosten. Noch ehe die Burg zerfiel, hatten sie es wahrhaftig geschafft. Sie kamen draußen an und waren nun in Sicherheit. Die Burg zerfiel. Nun gingen die beiden, Sohn Julios mit Mutter Madlene, gefolgt von Vater König Dietrich in Richtung Kutsche. Der Sohn öffnete höflich die Tür der Kutsche und begleitete beide hinein. Nun schloss der Sohn sie wieder und setzte sich aufs Pferd. Nun kutschierten sie wieder los. Es war eine lange Reise bis nach Hause. Sie mussten noch über den Sumpf der Finsternis und sie waren zu Hause. Am Ende lebten sie wieder glücklich und zufrieden bis an ihr Ende. Und wenn Königin Madlene, König Dietrich, Prinz Julios de Montana und die schwarze Hexe, Lügenbaronin Ratjana de

Blacksteffers, noch nicht gestorben sind, dann leben sie noch heute.

Lohanna und ihr Geliebter Jonatan im Banne des eifersüchtigen Satan Drakules

Es war einmal eine Frau. Sie hieß mit Namen Lohanna. Sie liebte einen Mann, mit dem sie zusammen ihr Leben verbrachte. Er hieß Jonatan. Sie waren beide ineinander verliebt und wollten bald schon heiraten, um Kinder zur Welt zu bringen. Die Liebe wurde aber bald schon zum Verhängnis zwischen den beiden. Da gab es nämlich noch einen satanistischen Teufel, auch Drakules genannt, der eifersüchtig auf Jonatan war, da er so eine beneidenswerte Frau hatte. Nach alten Weißsagungen spazierte er auch nachts durch den Wald der Schattenseiten und Legenden und beobachtete Paare, die auch dort spazieren gingen. Eines Tages besuchte Satan Drakules auch die beiden. Und damit fängt die Geschichte erst richtig an.

Einige Tage vorher spazierten sie durch den Wald der Schattenseiten und Legenden, bevor es geschah und Satan sie besuchte, wobei er sie auch anscheinend beobachtete. Und so unwahrscheinlich, wie es auch klingt, die Tage darauf war er schon bei ihnen. Der Teufel stand jetzt direkt vor ihrer Haustür.

Lohanna und Jonatan schliefen noch. Eingekuschelt in der warmen Bettdecke lag Lohanna neben Jonatan und die Arme von ihr waren um seine Schulter gelegt. Da klopfte es auch schon plötzlich an der Tür. Das Klopfen wurde immer lauter, bis Lohanna erwachte. „Was sind das für Geräusche? Wer klopft denn so früh an der Tür? Jonatan, wach doch auf. Da klopft jemand an der Tür."

Jonatan erwachte dann auch und hörte ihr zu. Lohanna flüsterte: „Wer mag das nur sein, der so früh morgens an die Tür klopft, Jonatan?"

Jonatan antwortete: „Das ist eine gute Frage. Bleib du mal hier. Ich kann ja mal nachgucken."

Er zog sich die Schuhe an, band sie zu und raffte sich kurz auf. Dann ging er mit leisen Schritten über den Flur und kam auch schon an der Haustür an. Jonatan hatte ein mulmiges Gefühl und auch ein bisschen Schweiß an der Stirn. Aber er war auch mutig und wartete ab. Er wollte die Haustür öffnen, zögerte ein wenig, überlegte noch einmal und öffnete sie dann. Auf einmal überkam ihn das Grauen. Der Satan Drakules stand vor der Tür. Vor Angst lief Jonatan ein Schweißtropfen von der Stirn und er geriet in Panik.

„Lohanna, hier steht der Teufel vor der Tür. Habe keine Angst und rühre dich nicht von der Stelle. Ich erledige ihn für dich", rief Jonatan.

Doch der Teufel ließ sich so schnell nicht vertreiben und er war auch echt hartnäckig. Mit zitternder Stimme fragte Jonatan:"Was hast du hier verloren?"

Doch der Teufel, auch genannt Drakules schubste ihn nur zur Seite und er rannte zur Lohanna und raubte sie ihm. Er nahm sie mit in sein Reich, wo der Teufel herrschte und nur er das Sagen hatte.

Jonatan machte das zu schaffen. In völliger Verzweiflung gab es für ihn keine andere Möglichkeit, als den beiden hinterher zu reiten, Um sich seine schöne Lahanna, seine Geliebte, wiederzuholen. Das tat er dann auch. Er ritt über Täler, Sümpfe und Berge. Irgendwann kam er an einem Sumpf an. Der Sumpf nannte sich auch der Sumpf der Dämonen. Dort krochen Dämonen aus dem Sumpf, die der tapfere Jonatan mit seinem Schwert besiegte.

Doch es dauerte nicht mehr lange und der tapfere Jonatan hatte sein Ziel erreicht. Er stand nun vor dem Berg des Schreckens. Dort wimmelte es nur so Zombies, Dämonen und Geister. Die Zombies und Dämonen besiegte er mit seinem Schwert. Er enthauptete sie mit seinem Schwert und es rollten nur noch Köpfe. Die Geister begoss er mit Weihwasser. Dann hatte er den höchsten Gipfel des Berg des Schreckens erreicht und vor ihm stand der gewaltige Teufel. Der Teufel war so boshaft, als er Jonatan sah, dass er seinen Dreizack nahm und zustieß. Jonatan wehrte aber stattdessen den Schlag rechtzeitig mit seinen Schwert ab und stieß zurück. Darüber war der Teufel so erbittert, dass er Feuer spuckte.

Jonatan hielt sinen Eisenschild davor und fing somit das Feuer ab. Dann hatte er die Idee. Er nahm das restliche Weihwasser aus seiner Flaschenbox, das er noch als Reserve hatte, und begoss Drakules damit. Plötzlich zerfiel der Teufel zu Staub und wurde vom Winde in alle Himmelsrichtungen geweht. Vor Jonatan lag dann auch nur noch die schöne Lohanna. Er hob sie nun auch einfach auf und trug sie in seinen Armen. Löhanna lag noch ziemlich erschöpft in seinen Armen. Doch dann wurde selbst sie wach. Sie öffnete langsam die Augen und sah das bezaubernde Lächeln und Gesicht von Jonatan. Lohanna gab ihm ein Lächeln zurück und fragte ihn nur noch: „Teufel … hat mich entführt … du erledigt?“

Jonatan antwortete: „Ja, das habe ich.“

„Ach, du bist es, mein wahrer Held?“, fügte sie fragend hinzu.

„Ja, ich bin es“, antwortete Jonatan.

‚Du glaubst gar nicht, wie sehr ich dich liebe. Bitte küsse mich, mein Schatz. Nur du darfst jetzt mein Froschkönig sein. Willst du es nicht auch? Dann küss mich.“

Und sie küssten sich. Dann war der schöne Jonatan so glücklich darüber, dass er sie im Freudentanz in den Armen gehalten aufs Pferd trug. Sie ritten einsam und verliebt nach Hause. Am Ende lebten sie wieder glücklich und zufrieden bis an ihr Ende. Und wenn sie nicht gestorben sind, dann leben sie noch heute.

Die hübsche Prinzessin Ligunderia und der von der schwarzen Hexe getäuschte Prinz Allaga von Koxhofen im Spiel mit der Waldrose

Es war einmal eine Prinzessin. Sie hieß mit Namen Ligunderia. Sie kannte einen Prinzen, er hieß mit Namen Allaga. Es war auch ein schöner Prinz. Sie lernten sich im Schloss des Prinzen auch mal näher kennen. Schon bald wollten sie heiraten. Doch alles änderte sich im raschesten Augenblick. Eine Hexe besuchte die beiden im Schloss des Prinzen. Sie ahnten beide noch nichts von ihrem zukünftigen Schicksal, das ihnen zustoßen würde. Die Hexe begrüßte sie freundlich am Eingangstor. Sie nannte sich auch die Hexe von den endlos weit weg entfernten Tälern und Bergen. Sie sagte nur zu den b.eiden: „Oh, bitte, Kinder, seid so lieb! Lasst mich doch rein! Es ist so kalt im Regen. Ich hab da auch etwas Schönes für euch. Wollt ihr es nicht sehen?"

Die von und zu Koxhofen waren schon ziemlich müde. Sie waren erschöpft von der langen P.arty, die sie veranstaltet hatten. Doch sie dachten sich nur, dass es sich um eine alte und verwirrte Dame mit einem Kopftuch handelte, die dadurch ihre Falten verborgen hielt. Und sie konnten so eine nette Dame auch nicht im Regen stehen lassen. Also luden sie sie ein. Die Hexe hatte auch ein paar Kräutertees dabei. Sie fragte Ligunderia: „Hier ist ein kleines Vorgeschenk zum Vorschmecken. Möchtest du es nicht mal probieren?“

Ligunderia sprach nur: „Na gut, ich probiere es, wenn Sie es so wünschen.“

In Wirklichkeit ahnte sie aber nicht, dass sich in den Tee Brennesselsaft mit Betäubungsextrakt befand. Das stellte sich aber später heraus.

Nun aber fing die Hexe an, mit den beiden zu reden. „Möchtet ihr mal von meinem Geheimnis hören, von den endlos weit weg entfernten Tälern und Bergen?“

Ligunderia und Allaga glaubten immer noch, dass die alte Dame etwas durcheinander sei, doch sie hörten zu und fragten sie: „Um was für ein Geheimnis handelt sich denn?“

Die Hexe antwortete darauf: „Na dann hört mir mal genau zu. Ich komme von den endlos weit weg entfernten Bergen und Tälern. Ich bin mit meiner schwarzen Kutsche hierher geritten; und ich habe dort auch einige Überraschungen, also genauer gesagt Geschenke für euch, die euch mit Sicherheit glücklich machen könnten. Unter den Geschenken habe ich auch ein paar Kräutertees. Das sind ganz bestimmte Sorten, die einen ewig jung und schön machen werden.“ Also fragte sie-Allaga, ob er mitkommen würde. Und er antwortete: „Na gut, wenn es weiter nichts ist.“

Also verabschiedete sich Prinz Allaga vorerst von Prinzessin Ligunderia und dann fuhren sie auch schon zu den endlos weit weg entfernten Tälern und Bergen. Als sie dann auch schon ankamen, begleitete der Prinz die Dame höflich aus der Tür, wie es sich gehörte für einen Prinzen. Vor ihnen sahen sie das gewaltige, mächtige Schloss der Hexendame. Sie gingen mit Anstand, wobei die Hexendame von dem Prinzen geführt wurde, über die Zugbrücke. Nun. standen sie auch schon vor dem Eingangstor und die Hexendame öffnete sie. Sie gingen weiter hoch die Treppen am Treppengelände vorbei, bis sie an einem stillen Ort ankamen. Nun führte die Dame den Prinzen zu dem wundervollsten Ort, wo es alles Silber, Diamantenschmuck und Gold verborgen gab. Dem Prinzen glänzten die Augen als er das sah, was ihm die Hexendame zeigte. Dann sagte die Hexe: „Komm mal mit ins Wohnzimmer."

Sie gingen ins Wohnzimmer.

„Setz dich doch", fügte sie hinzu. „Ich werde dir jetzt den Kräutersaft holen, den ich dir versprochen habe und der dich für ewig jung und schön macht."

Sie ging in die Küche. Doch was der Prinz nicht wusste und auch nicht ahnte, war, dass die Dame eine Schummlerin war. Sie tat nämlich anstatt Kräutern schwarze Brennesseln in den Saft. Die Hexe ging, als sie mit der Zubereitung fertig war, wieder raus aus der Küche und setzte sich zu ihm. „Trinkt nur“, sagte die Hexe. Und der Prinz trank es in einem Satz leer. In der Zwischenzeit fiel Ligunderia in einem Tiefschlaf. Der Prinz war nun gespannt darauf, was jetzt passieren würde. Die Hexe fragte ihn nur: „Na, hat es dir auch geschmeckt?“

Der Prinz antwortete: „Ja, und wie.“

Die Hexe gab ihm einen Spiegel und wies ihn an, sich darin genauer anzusehen. Doch plötzlich geschah das Unglaubliche. Der Prinz wurde immer hässlicher, bis er sich zur endgültigen Hässlichkeit entpuppte. Er erkannte sich selbst im Spiegel nicht mehr wieder und konnte es kaum glauben, so betrogen zu werden von der Hexe. Jetzt war es ihm auch klar, dass es sich hier um eine verräterische Hexe handelte. Er sagte nur: „Hexe, wenn ich dich kriege ...“ Doch da war sie schon verschwunden. Doch als er den Spiegel nochmals an sich nahm, da tauchte sie plötzlich im Spiegel wieder auf. Er blickte in den Spiegel und sah die bezaubernde Gestalt der Hexe. Allaga wollte es kaum wahr haben, doch es war wohl so. Die Hexe sprach aus dem Spiegel. Sie sagte nur: „Na, Allaga, wer ist jetzt der Schönste im ganzen Land?“ Und sie kicherte laut. Aus Wut zerschmetterte Allaga den Spiegel. Doch dann war selbst die Hexendame verschwunden. Allaga machte sich Vorwürfe wegen seiner Geliebten Ligunderia.

Wie sollte er ihr das verständlich machen? Ihm war klar, da musste es einen Ausweg geben und er hatte ja auch keine andere Wahl, als ihr alles frei und offen zu berichten Also ritt er wieder zurück zu seiner Geliebten. Es dauerte einige Tage, bis er wieder zu Hause ankam. Doch dann hatte er die Strecke auch überwunden und war wieder zu Hause angekommen.

Ligunderia wartete sehnsüchtig auf ihn. Allaga hatte befürchtet, dass sie ihn nicht wiedererkennen würde. Aber sie erkannte ihn wieder und fragte ihn: „Allaga, mein Schatz, wie siehst du denn aus und wer hat dich so verunstaltet?“

„Das war die Dame, die uns besucht hat. Sie hat mich so verunstaltet. Es ist eine böse Hexe, weißt du? Sie hat mir Kräutertee angeboten, wobei sie wohl etwas reingetan hat, was ich nicht bemerkte, und sie hat mir dann noch versprochen, dass es mich ewig jung und schön macht. Doch als ich in den Spiegel guckte, sah ich nur noch wie jetzt aus, eine schreckliche Kreatur. Sie tauchte auch nochmals im Spiegel auf“, antwortete der Prinz Allaga. Ligunderia verstand alles und sie erzählte Allaga auch, dass die Dame ihr auch wohl etwas in den Tee getan haben müsse, sodass sie in einen Tiefschlaf versetzt wurde. Das machte beiden zu schaffen. Doch sie ließen ihre Köpfe nicht hängen und Ligunderia sagte nur noch zu Allaga: „Mach dir keine Sorgen. Das wird schon wieder. Wir brauchen uns jetzt wirklich nicht um deine Schönheit Gedanken zu machen. Du siehst auch ohne die vollkommene Schönheit gut für mich aus. Lasst uns beide doch einfach auf das nächste Wunder warten, das hilft uns bestimmt."

„Okay, mein Schatz, dann werden wir das tun."

Also ging sie zu Bett und der Prinz Allaga ritt auch in sein Schloss zurück.

Es kehrte Nachtruhe für Prinz und Prinzessin ein. Der Prinz war auch sehr erschöpft von der langen Reise mit der bösen Hexendame. Doch sie blieben ständig in Kontakt. Also ritt Ligunderia am nächsten Morgen zu ihrem Prinzen Allaga am anderen Waldende. Doch da passierte auch schon das unvorstellbare Wunder. Sie traf auf eine Frau mit weißer Bekleidung.

„Wer bist du und was machst du denn hier?", fragte Ligunderia.

Die Frau antwortete: „Ich bin die Waldhexe. Aber ich bin auch eine gute Hexe; und ich hüte diese wundervollen Rosen und andere Pflanzen hier im Wald. Tiere gehören auch dazu."

Ligunderia sagte: „Dann bist du also der Feind, oder um genauer zu sagen, das Gegenteil von der schwarzen Berghexe."

Die Waldhexe antwortete: „Ja, das bin ich. Was kann ich für dich tun?"

Ligunderia sprach die Probleme bei ihr aus und der Hexe war alles klar. „Ich werde sehen, was ich für euch tun kann. Hier, nimm diese wunderschöne Waldrose und sprich den Spruch *Schwarze Hexe, stirb* dreimal aus und du wirst sehen, dass der Prinz seine eigene bezaubernde Gestalt wieder annimmt."

Ligunderia sprach den Spruch dreimal aus. "Hexe, stirb, Hexe stirb, Hexe stirb, und es war vollbracht. Man hörte nur noch lautes Hexengeschrei fern weg von den endlosen Bergen und Tälern bis in alle Wälder rufen und es fing an zu donnern und zu blitzen. Die Waldhexe sagte: „Nun geht fort und werdet glücklich."

Am anderen Morgen sahen sich Prinz und Prinzessin wieder. „Allaga, mein Prinz, schau doch mal, wie wundervoll du ausschaust", sagte Ligunderia.

„Du hast Recht, genauso wunderbar und bezaubernd wie früher. Aber wie hast du das denn geschafft?", fragte Allaga.

Ligunderia machte es ihm so einfach verständlich, wie es ging, und da verstand er auch alles. Sie antwortete nur noch: „Das war die Waldhexe, sie hat mir geholfen, dich in deiner eigenen bezaubernden Gestalt wiederzubringen. Nun ist die schwarze, böse Berghexe tot und wir können wieder glücklich bis ans Ende leben."

Das taten sie dann auch und sie lebten wieder glücklich und zufrieden bis an ihr Ende. Und wenn sie nicht gestorben sind, dann leben sie noch heute.

Die Zombiedame im Hause der Grausamkeit

Es war einmal eine Dame. Sie lebte in einem behausten Schloss. Das Schloss nannte sich auch das Haus der Grausamkeit. Sie lud nämlich arme Feldmänner meistens an kalten Tageszeiten oft im Winter in ihre warme Behausung ein. Sie selbst stammte aus einem Adelsgeschlecht. Sie trug den Adelstitel die finstere Fürstin.

Eines Tages besuchte sie ein Mann. Es war ein Feldmann. Diesen Feldmann nutzte sie aus, da die Dame, auch genannt die finstere Fürstin, seine Schwächen kannte. Er besaß zwar nicht so viel Geld wie sie und trotzdem dachte sich die Fürstin, ihn zu erpressen, indem sie ihn mit Hilfe ihrer Rittersleute folterte.

Darauf hatte der Feldmann keine andere Wahl, als ihr das Geld bar auf die Hand auszuzahlen. Das tat er dann auch.

Doch der finsteren Fürstin war es immer noch zu wenig. Sie wollte noch mehr Besitz von ihm ergreifen. Sie wurde auch noch hartnäckiger und erpresste ihn umso mehr. Doch der Feldmann war darüber sehr verärgert, da er doch selbst wenig Geld besaß und dazu noch von einer Dame bestohlen wurde, die schon vor lauter Geld in Atemnot geriet.

Der Feldmann wollte sich aus der bösen Machenschaft der finsteren Fürstin gar befreien und Rache gegen sie nehmen. An einem Abend bot der Feldmann ihr Tee mit Waldfrucht an und da er sich ja unbedingt an ihr rächen wollte, überlegte er sich etwas als Racheakt, den er geplant hatte und auch ausführte. Somit schüttete er Schlafmittelsaft in übertriebenen Mengen in den Waldfruchttee. Er ging zu ihr, wobei die Dame es sich schon im Bett gemütlich gemacht hatte, und müde war sie ja auch noch und erschöpft vom langen Tag. Sie schlief ein. Doch während sie am schlafen war, da fing das Mittel an zu wirken. Sie schlief ein und wachte niemals wieder auf. Diese Nacht starb sie in ihrem Bett, ohne auch zu bemerken, dass sie von ihrem Feldmann betrogen wurde. Das war die Rache an der finsteren Fürstin.

Doch um den Mord an ihr zu vertuschen, grub er sie deshalb im Friedhofsgarten ein. Doch plötzlich, als der Feldmann sie in ihrem eigenen Friedhofsgarten hinter dem Schloss begrub, da erwachte sie wieder. Sie buddelte sich aus und auf einmal geschah das Unvorstellbare. Sie war wieder erwacht und stand nun als Zombiedame am Friedhofsgarten. Sie ging in Richtung Tür des Schlosses.

Der Feldmann sah von drinnen eine finstere Gestalt den Friedhofsgarten entlang spazieren. Er beobachtete alles von drinnen und hatte alles im

Visier. Er sah auch, wie die Gestalt in Richtung seiner Schlosshaustür ging und somit ging er auch in Richtung Tür, die Treppen am Treppengelände herunter. Er öffnete die Tür. Da sah er plötzlich die Gestalt der Zombiedame vor sich. Die Zombiedame sagte zu dem Feldmann: „Na, du verrätescher Verräter? Hättest du gedacht, dass ich, deine Frau, die finstere Fürstin, noch mal vor deiner Tür stehe? Wenn ja, ist es auch egal, hier bin ich doch nun. Na, bekommst du schon Angst oder warum zittern dir dann schon die Knie? Ich wollte dir nur eben mitteilen, dass hier dein Tod vor deiner Tür steht, und das bin ich. Der Tod wird dich holen und dich niemals mehr loslassen. Und? Was hast du jetzt noch zu sagen, mein tapferer Held?“

Zur höchsten Sicherheit hatte der Feldmann, eine Waffe dabei. Er wollte gerade losschießen. Doch da biss die Zombiedame auch schon zu und sie wollte ihn mit ihrer schleimigen Zunge verschlingen.

Doch der Feldmann wehrte sich und stieß sie zur Seite. Da brüllte die Zombiedame auf und wurde immer lauter und wehriger bis zur endgültigen Ausbruchsphase. Sie wurde immer wilder, bis sie auf ihn sprang. Er fiel zu Boden, doch da hatte der Feldmann schon längst die Waffe gezogen und er schoss. Und schon fiel sie zu Boden und war ein wenig betäubt. Da schoss der Feldmann noch ein paar mal auf sie und schon starb die Zombiedame an den Schüssen. Doch als sie starb, tat sie ihme irgendwie leid. Es war ja auch stets seine Frau gewesen, die an seinen Schüssen starb; auch wenn sie so gefühlslos und gemein zu ihm war.

Nun war sein Werk vollendet und damit vollbracht. Er grub sie dann genau wie beim ersten Mal, nur eben das letzte Mal, im Friedhofsgarten ein.

Er erzählte dem Volk von dem Schicksal in dem Fürstenschloss (dem Hause der Grausamkeit).

Er ging aber auch gerade nicht leer aus. Sondern er bekam das Schloss der ehemaligen finsteren Fürstin vom Staat in die Hand gedrückt und erbte alles, was ihr einst im Schloss gehörte. Außerdem bekam er eine Menge Rente vom Staat und er lebte glücklich und zufrieden bis ans Ende. Und wenn der Feldmann Lenardo de Gollek und die Zombiedame im Hause der Grausamkeit noch nicht gestorben sind, dann leben sie noch heute

Die vom Aussterben bedrohte Riesenkrähe im Tal der Schöpfung

Es war einmal vor Millionen von Jahren, in der Zeit, bevor die Dinosaurier ausstarben. Da lebte eine Riesenkrähe. Sie überlebte die Naturkatastrophe, in der Vulkane ausbrachen und wilde Stürme, sogenannt Tornados, umherwüteten. Da sie hoch oben am Himmel entlang flog, überlebte sie den Ausbruch des Vulkans Monsuka.

Zu dieser Zeit machten sich auch Naturforscher auf den Weg, um die vom Aussterben bedrohte Riesenkrähe zu entdecken. Sie fuhren mit ihren Lastwagen ins Tal der Schöpfung. Die Naturforscher fanden dort ein Nest mit Eiern, das tatsächlich von der Riesenkrähe stammte. Sie nahmen die Eier aus dem Nest heraus und legten sie auf ihren Wagen. Dann fuhren sie auch schon wieder zurück ins Labor zur Universität. Dort berieten sich die Naturforscher und schlugen vor, Experimente mit den Eiern durchzuführen, um die Stammzellen zu erforschen. Unter dem Forschungsprojekt versammelten sich Ärzte und Professoren der unterschiedlichsten Ränge. Und tatsächlich, sie fanden heraus, dass die Eier von einer Riesenkrähe stammten, so identisch waren die Eier.

Also machten sie sich auf den Weg, um die Mutter der Kükeneier zu finden, die letzte Art der Riesenkrähe. Sie waren mit Spannfangnetzen und

Betäubungswaffen gerüstet. Diese Gebrauchsmittel packten sie auf einen riesigen Transporter. Und schon begann die Reise ins Tal der Schöpfung. Nach etwa einer halben Stunde waren sie auch ihrem Ziel schon näher gekommen. Die Naturforscher hörten von fern weg Vogelrufe. Sie waren fest davon überzeugt, dass das nur die Riesenkrähe sein konnte. Und es war auch so. Sie standen mit ihren Riesentransporter jetzt direkt vor der Riesenkrähe. Langsam fuhren sie auf den Vogel zu. Der Fahrer sagte zu den Männern: „Nun auf, Männer! Vor uns hat sich ein echtes Prachtexemplar niedergelassen. Wenn wir jetzt wirklich etwas mehr Geld beisammen bekommen möchten, dann müssen wir diese Kreatur nur einfangen! Wir könnten sie dann gemeinsam zu unserem Labor in der Universität bringen und die Mutter zu ihren Eiern beisetzen. Dann könnten wir sie in unserem Zoo bringen und sie dort verkaufen. Na dann, Männer, rüstet euch mit euren Waffen und schnappt euch das Netz! Das Biest gehört uns jetzt ganz allein.“

Sie hörten auf ihren Fahrer, ihren Chef, und machten das, was er ihnen sagte. Sie spannten das Netz aus und warfen es auf die Riesenkrähe. Dann schnappten sie sich ihre Waffen und schossen auf die Krähe. Die Krähe war ein wenig betäubt und fiel zu Boden. Doch dann stand sie auch schon wieder auf und wurde wild. Sie versuchte, einen Forscher zu beißen.

Doch nun dauerte es nicht mehr lange, und schon kam rechtzeitige Hilfe herbei. Ein Mitarbeiter schoss nochmals gewandt und die Riesenkrähe kippte wieder rum um, sodass sie endgültig geschafft war. Sie trugen sie auf ihren Riesentransporter und fuhren zurück ins Zoolabor zur Universität. Dort holten sie die Eier ab und setzten sie der Mutter bei.

Danach fuhren sie auch schon mit der Mutter und den Babyküken zu ihrem Zoo und lieferten sie dort ab. Die Forschungsexperten guckten sich die Fürsorge der Mutter mal näher an. Und tatsächlich, es war auch so. Die Mutter setzte sich auf die Eier nieder, wärmte sie und kümmerte sich liebevoll um sie, als seien es ihre Eier. Und schon brütete sie die Eier aus. Aus den·Eiern krabbelten winzige Vogelküken raus, während die 'ier zerbrachen.

Die Naturforscher verkauften eines Tages ihren Zoo und bis heute haben sie Millionen an Geld für die Tiere ausgezahlt bekommen. Die Naturforscher, also Forschungsexperten, zu denen Ärzte und Professoren gehörten, lebten wieder glücklich und zufrieden mit ihrem Geld. Sie waren auch glücklich und zufrieden mit ihrer Arbeit und auch stolz.

Einen Teil ihres verdienten Reichtums spendeten sie an Kinder in Not, die in Armut lebten. Und wenn die Riesenkrähe im Tal der Schöpfung noch nicht gestorben ist, dann lebt sie noch heute.

Der schwarze Teufel, der Wächter des Todes

Es war einmal in einer finsteren Zeit, wo Geister und Dämonen herrschten. Aber nicht nur Geister und Dämonen herrschten dort, sondern auch der schwarze Teufel selbst. Es war der schrecklichste Teufel überhaupt zu dieser Zeit. Er schändete jeden ganz und gar, der ihm zu nahe kam. Er liebte es vor allen Dingen kleine Säuglingskinder von großen Fürsten oder sogar Königseltern zu rauben und sie mit in sein Dämonenreich zu verschleppen.

Nun zu der fürstlichen königlichen Familie zu dieser Zeit. Die königliche Familie lebt in einem hübschen, gut aussehenden Schloss. Das Schloss nennt sich auch die Adlerhofburg. Sie nennt sich so, weil sie ziemlich hoch oben an der Bergspitze liegt und in dieser Höhe eben auch besondere Vögel fliegen, nämlich auch Adler. Nun zu der Familie: Die Familie heißt mit Namen Familie von Adlerossanu.

Herr Gustav und Frau Gertrud von Adlerossanu haben ein Kind zur Welt gebracht. Das nächtliche Burgfräulein stillt es von Tag zu Nacht. Es ist die Amme des Hauses Adlerhof. Doch eines Tages da wird das Kind zur Nacht, wobei es schon zwölf Uhr geschlagen hat und draußen nur noch Gekrähe von Raben, Geiern, Krähen und Adlern zu hören ist, entführt. Plötzlich, ohne zu wissen, drehten sich die Vögel im Todeskreis und es kehrte immer mehr Unruhe im Hause ein. Die Eltern wussten, es hatte nichts Gutes zu bedeuten. Doch sie konnten sich gegen das laute Gekrähe der Vögel kaum wehren.

Auf einmal hörte man nur noch Geklimper und da war es auch schon zu spät. Ein Adler kam wie wild angeschossen, stürzte ins Schlosshaus hinein und entraubte der Amme das Kind. Er entführte das Kind, während er es an sich griff. Es war der Totenkopfadler. Da hörte man nur noch das Geheul des Säuglings und das Geschrei der Amme. Die Amme war ganz aus dem Häuschen, als sie der Schrecken überkam. Sie meldete es sofort Gustav und Gertrud von Adlerossanu.

Als die beiden, Vater Gustav und Mutter Gertrud, das mitbekamen wären sie fast in Ohnmacht gefallen. Sie hatten ja auch keine Ahnung, was jetzt mit ihrem Säugling passieren würde. Außerdem bekamen sie noch mehr Angst, da die Amme ihnen ja ausführlich erzählte, dass es sich bei der Entführung um einen Totenkopfadler handelte und dass ihr Kind vielleicht vom Teufelsadler ins Reich der Dämonen und Geister entführt wurde, um ihm dort den schwarzen Teufel zu opfern. Sie mussten es rechtzeitig schaffen, ihren kleinen Säugling vom Pakt des Teufels zu befreien, ehe der Teufelsdrache ihn verschlingen würde.

Also machte sich der Edelritter König Gustav eines Morgens auf den Weg ins Reich der Dämonen und Geister. Er ritt durch ein Dutzend Wäldern, Tälern, Sümpfen und Bächen. Für so einen edlen Ritter war es auch nicht einfach, diese Strecke zu bewältigen. Doch nach ein paar Tagen hatte er die Strecke überwunden und war seinem Ziel schon näher gekommen.

Da, wo er nun gelandet war, war eine finstere Gegend und dort marschierten Dämonen umher. Der tapfere Ritter folgte den Dämonen, die den Berg der Finsternis hochmarschierten. Danach beschloss er, mit den Dämonen zu kämpfen. Der tapfere Edelritter schlug mit seinen Schwert vom Pferd aus auf sie ein und es rollten nur noch Köpfe. Die Geister besiegte er mit Weihwasser, das sie anwiderte. Er nahm sie aus der Geisterflasche und zerstreute das Weihwasser um die Gegend.

Nun war es so weit. Der tapfere Ritter hatte den höchsten Gipfel des finsteren Berges erreicht und da stand auch schon der riesige, gewaltige Drache vor ihm. Der tapfere Edelritter forderte den Drachen zum Duell auf und sprach zu ihm: „Kämpft mit mir, Drache. Falls ich den Kampf überlebe, kriege ich meinen kleinen Sohn zurück, falls nicht, könnt Ihr ihn behalten."

Der Drache ging die Wette ein und somit kämpften sie. Es war ein harter Kampf gegen einen so riesigen Drachen. Der tapfere edle Ritter Gustav ließ sich aber so schnell nicht unterkriegen und somit spannte er den Bogen und schoss auf den Drachen. Der Pfeil schoss vom Bogen aus gezielt auf die rechte Brust des Drachen. Nun spannte er wieder rum den Bogen und schoss einen weiteren Pfeil auf den Drachen. Er traf dessen linke Brustseite, sodass der Drache zu Boden fiel und für kurze Zeit betäubt war.

Als er wieder zu sich kam spuckte der Teufelsdrache auf einmal Feuer. Doch der Edelritter schützte sich so gut, wie er konnte. Er hielt nämlich seinen Eisenschild davor, sodass das Feuer ihm nicht viel ausmachte. Danach nahm er schnell eine Fackel, die als Reserve galt und zündete sie an. Er schmiss sie gegen den Drachen. Der Drache war nun fast erledigt. Er verglühte. Während er verglühte, gab der Edelritter sich einen letzten Ruck und stieß mit seinem Schwert zu. Der Drache war somit auch nun endlich besiegt. Er starb qualvoll am Stich des Drachenschwertes.

Der tapfere Edelritter nutzte seine letzten Tropfen Weihwasser, das er noch als Reserve hatte, und schüttete es auf den Teufelsdrachen. Er begann abzufackeln. Und nachdem er verbrannt war, zerfiel er zu Staub. Der Staub des Drachen wurde zum Schluss einfach vom Winde zerstreut.

Nun war der mühsame Kampf beendet. Doch der harte Kampf hatte sich für den edlen Königsritter echt gelohnt und bezahlt gemacht. Der Drache war nun tot und der Ritter hatte sich mit Wohlgefallen seinen Sohn zurück verdient. Er nahm ihn aus dem Nest des verunglückten Drachen und ritt mit ihm wieder nach Hause.

Als die beiden zu Hause wieder ankamen, freute sich die Mutter, dass ihr Sohn wieder bei ihnen war und dass sie wieder eine Familie waren. Die Mutter war echt stolz, dass sie einen so tapferen Mann hatte, der ihren Sohn befreit hatte.

Der Junge wurde auch schon bald erwachsen und aus ihm wurde auch schon bald ein prächtiges Kerlchen. Und wenn König Gustav von Adlerossanu und Königin Gertrud von Adlerossanu, Sohn Venedikt von Adlerossanu und der schwarze Teufel, der Wächter des Todes, noch nicht gestorben sind, dann leben sie noch heute.

Der alte Aberglaube existiert immer noch

Am Freitag, den 13. Januar, vor 600 Jahren wurde Madame Klese von Döbbering geboren. Nun sind 600 Jahre vorbei und sie findet trotz allem noch immer keine Ruhe oder, genauer gesagt, Frieden im Grabe. Das ist aber auch sicherlich kein Wunder, weil es bei diesem Friedhof, genannt auch der Friedhof der Untoten, spukt.

Die Sage spricht von einem altem Mythos oder genauer gesagt Legende. Angeblich soll eine alte, verstorbene Dame keinen ruhigen Frieden gefunden haben und somit neu ins Leben gerufen worden sein. Sie solle nachts als Untote und auch Gespenst über den Friedhof der Untoten geschlichen sein.

Doch sie ist nicht allein. Die Untoten bzw. die anderen Untoten sind aus dem Schlaf der Unendlichkeit erwacht. Manchmal ist sie, die Madame Klese von Döbbering, so bescheiden, dass sie mit den Untoten einige Tänze hält. Andererseits ist sie so verrückt, dass sie nicht nur Tänze hält mit den Untoten, sondern auch ihr Blut für sie fließen lässt. Somit werden die Untoten aus den Gräbern erweckt.

Als nächsten Akt treibt es mit den Untoten, wobei diese von der Madame Klese von Döbbering angelockt werden. In ihr steckt schöpferisches

Blut. Das Blut des Lebens und der Wiederauferstehung. Sie holte sich auch eines Tages ihr Leben zurück, wobei sie die Lebendigkeit des Lichts spürte, während sie ihr Blut den Untoten hingab. Bald war ihr Schicksal besiegelt und sie kam neugeboren auf die Welt zurück. Es war aber auch nicht mehr so wie früher, da die Schattenseite eine helle und eine dunkle Macht ausübte.

Eines Tages war es soweit, wobei der Geist von der Madame Klese von Döbbering immer noch existierte und nach altem Mythos keine Ruhe und Frieden gefunden haben solle, wobei sie nun auch am Tag vor Anbruch der Dunkelheit am Friedhof spazieren geht.

Am Ende ist aber auch einem Forscher in dem Bereich über Geister klar, dass das nicht so weitergehen kann. Also holte er seine Untertanen und sie machten sich auf dem Weg zum Friedhof der Untoten. Der Geist müsse auf jeden Fall besiegt werden.

Zum Ende hin zerstreuten sie Weihwasser um den Friedhof. Sie trugen alle Ketten mit Jesuskreuzen, um das Böse zu bereinigen, und als allerletztes zündeten sie Feuer an, da wo das Wasser verspritzt worden war.

Eines Morgens war das Böse, der Geist, besiegt und zu Asche und Staub verbrannt und die Menschen konnten wieder ohne Sorgen und Ehrfurcht über den Friedhof spazieren gehen.

Trotzdem ist immeer noch jedes Jahr laut dieser Geschichte am Freitag, den 13. Januar, ein Unglückstag. Doch nun ist dem Bösen ein Ende gesetzt, wobei man immer noch glaubt, dass das Böse jedes Jahr in diesem Monat, am Freitag den 13. Januar, aufersteht. Das war jetzt genug von diesem Spuk.

Und wenn die Madame Klese von Döbbering noch nicht gestorben ist und wenn der Friedhof der Untoten heute noch immer existiert, dann lebt Madame Klese von Döbbering noch heute.

Der Urwaldmensch Gobbab

Es war einmal ein Mensch. Es war ein Urwaldaffenmensch, halb Affe und halb Mensch. Er hieß mit Namen Gobbab. Er lebte in den tiefsten Urwäldern mitten in Peru. Seine Abstammung war indischer Herkunft.

In der Nähe des Urwaldes lebten auch normale Menschen. Sie fühlten sich aber von diesem bartwüchsigen Affenmenschen bedroht, da sie der Meinung waren, dass er die Bewohner des Landes in Unruhe bringt. Es handelte sich dabei um eine lebensbedrohliche Spezies, die vom Aussterben bedroht, aber auch eine Gefahr für die Menschen war.

Deshalb überlegten sich die Menschen, was nun zu tun sei. Sie meldeten es dem Oberbürgermeister, dass dort bei ihnen in freier Natur und Umgebung ein Affenmensch frei rumläuft Der Oberbürgermeister wollte dem Volk zur Seite stehen und deshalb hielt er es für erforderlich, diesen Halbaffen auf schnellstem Wege einzufangen. Nur das Problem war, dass der Urwaldmensch wegen seiner aussterbenden Art unter Naturschutz stand und nicht getötet werden durfte. Doch es gab keine andere 'Wabl, als den Halbaffen einzufangen, damit er keine Bedrohung mehr für die Menschen darstellte.

Also befahl der Bürgermeister den Staatspolizisten und sämtlichen Kommissaren, ihn einzufangen um ihn dann in ein geschlossenes Gehege einzusperren.

Doch das wollten die Zoologen und Naturforscher sich nicht entgehen lassen. Sie wussten genau, dass sie für so einen Fang eine Menge Geld bekommen könnten, wenn sie dazu diesen Affenmenschen ausstellen würden in ihrem Zoo. Die berühmtesten Leute machten sich nun auf den Weg zum Urwald. Darunter versammelten sich Naturforscher, Zoologen und sogar Museumsbesitzer. Sie machten sich auf in den Süden Perus, wo der wilde Affenmensch sich aufhielt. Eigentlich hatte das Gesetz ihnen auch verboten, den Affenmenschen einzufangen, da er ja, wie schon gesagt, unter Naturschutz stand und vom Aussterben bedroht war. Doch wenn es ums Handeln ging kannten sie keine Ehrfurcht und keine Gnade, das Gesetz zu brechen, um Geld zu verdienen.

Nun waren sie sehr gut gerüstet. Mit riesigen Transportern, wo sich ein Fangnetz, ein riesiger Käfig und Betäubungspistolen befanden, fuhren sie in den Urwald.

Am Urwald angekommen machte sie eine kleine Verschnaufpause. Doch da hörten sie plötzlich ein lautes Affengebrüll und die Pause hielt nicht lange an. Sie mussten weiter. Nur wussten sie jetzt nicht, was zu tun ist. Deswegen überlegten sie genau, was sie jetzt am besten machen sollten.

Sie fuhren weiter durch den Urwald, bis sie an dem nächsten Urwaldsumpf vorbei kamen. Dann hatten sie es auch geschafft. Sie waren jetzt mitten im Dschungel, umgeben von den prächtigsten und verschiedensten Tieren. Einige Meter vor ihnen tummelten sich Schlangen aller Arten, am Fluss Krokodile und Piranhas und im Wald auch Tiger, Pumas, Jaguare, Panther, Löwen, Gorillas und andere Tierarten. Nun hatten sie ihre Beute schon im Auge.

„Also, Männer, dann rüstet euch mal Das wird ein Beutefang und der wird uns auf jeden Fall Kojle bringen. Dann nichts wie los, Männer!“, sprach der Chef im Wagen.

Also hörten sie auf den Fahrer und rüsteten sich. Sie rüsteten sich mit den entsprechenden Fangnetz und den Betäubungspistolen. Dann stiegen sie aus dem Wagen und gingen den Dschungel weiter hinein. Doch dann hatten sie, nachdem sie das Gebrüll des Halbaffen deutlich wahrgenommen hatten, ihre Beute schon direkt vor Augen.

Vor ihnen stand nun der gewaltige Affenmensch, der sich hinter einem Baum versteckt hielt. Die Männer umzingelten ihn und bildeten einen Kreis um den Baum. Sie beabsichtigten damit, ihn einzuengen, um ihn dann besser unter Kontrolle beim Fang zu haben. Doch auf einmal wurde er auch schon wild und rasend und attackierte einen Zoologen. Er stürzte so heftig auf ihn ein, dass der Mann in diesem Moment wehrlos zu Boden fiel. Doch dann rappelte er sich wieder auf, wobei er sich nach dem Fall kurz zur Seite drehte. Er erhob sich wieder und lief weg und sie schossen alle auf ihn. Der Urwaldmensch war nun für einige Zeit ein wenig betäubt.

Danach gingen sie zu ihren Transportern zurück und stiegen hinein. Sie fuhren nun wieder weiter in den Urwald hinein, wo der Urwaldmensch sich betäubt auf dem Boden befand. Anschließend spannten sie vorsichtshalber das Spannnetz und befestigten es an den Baum. Der Fahrer hielt sich noch im Wagen auf. Er rückte mit dem Wagen näher an die Stelle heran und ließ den Käfig hinab. Dann stieg er wieder aus dem Wagen und schnitt das Netz vom Baum ab. Zusammen schoben sie den Affenmenschen des Urwaldes in den Käfig. Der Käfig wurde geschlossen und der Fahrer und gleichzeitig Chef stieg wieder in den Transporter und frachtierte den Affenmenschen mit seiner Steuerung mit dem Käfig zusammen in seinen Waggon.

Nun packten sie ihre Sachen wieder ein bzw. Betäubungspistolen und Fangnetz. Sie machten sich nun auf in den Norden und fuhren wieder zurück in ihre Heimat.

Der Fahrer war nur noch am jubeln über diesen Sieg und Erfolg, das geschafft zu haben, was andere nicht geschafft hätten und auch nicht schaffen könnten. Sie konnten echt stolz und erfreut darüber sein, so einen Beutefang gemacht zu haben.

Der Fahrer sagte zu den Mitarbeitern: „Na, da können wir jetzt so richtig stolz auf diesen Fang sein. Lacht und jubelt doch mal mit mir. Was haltet ihr von dem Namen – von nun an nennen wir ihn doch Gobbab. Auf, hinab, Gobbab. Und singt mit. Außerdem hätte das kein anderer besser hinbekommen als wir."

Angekommen in ihrer Heimat überlegten sie nun, was sie jetzt mit diesem Urwaldmenschen machen könnten. Die Zoologen berieten sich mit dem Chef. Sie schlugen dem Chef vor, ihn in einen ihrer Zoos zu geben, um ihn dorthin zu verkaufen. Von dieser Idee war der Chef verblüfft und einverstanden, da er es auch für sinnvoll hielt.

Für den Verkauf an einen Zoo bekamen sie rund 10.000.000 Euro. Sie teilten sich die Summe untereinander auf und spendeten einen Teil an arme Familien in Europa. Am Ende waren sie stolz und sie lebten wieder glücklich und zufrieden bis ans Ende. Und wenn der Urwaldaffenmensch noch nicht gestorben ist, dann lebt er noch heute.

Die Rose und die traumhafte Prinzessin im Banne des Teufels

Es war einmal eine Prinzessin, die in einem wunderschönen Schloss lebte. Sie hieß Tarja von Hofmannsgard. Eines Tages träumte sie von einer verzauberten Rose, die außergewöhnliche Fähigkeiten besaß. In dem Traum tauchte aber auch ein Prinz auf, in den sie frisch verliebt war. Der Prinz hatte ebenfalls ein schön aussehendes Schloss, das aber auch ziemlich gruselig ausschaute. Man nannte es aber auch nach alten Legenden das Geister- und Spukschloss. Und damit fängt die Geschichte erst richtig an.

Der Prinz, der den Namen Prinz Jukka von Nevaleinen trug, existierte aber nicht nur in dem-Traum der Prinzessin, sondern er lebte wirklich. Ab und zu sah die Prinzessin im Traum den Prinzen auch schon mal in seinem wundervollen bezaubernden Garten, wie er sich seine Zeit dort vertrieb; und er war ein gut aussehender Prinz.

Die Prinzessin hatte Gefallen an Jukka. Sie war nicht nur verliebt in den Prinzen, sondern sie wollte ihn auch heiraten um mit ihm zusammen zu regieren. Nur blieb dem Prinzen und der Prinzessin nur noch wenig Zeit, denn der Teufel und andere Geister und Dämonen trieben in dieser Gegend ihr Unwesen. In einigen altertümlichen Legenden sagte man, dass der Teufel den Ort verbannt und dort die Winterrose ihrem Schicksal überlassen hatte. Die Prinzessin interessierte sich aber nur für den Prinzen und er ging ihr einfach in ihrem. Traum nicht aus dem Kopf. Sie wollte doch stets zusammen mit ihm durchs Leben gehen. Sie merkte aber auch, dass die Rose des Winters ihr nicht aus den Gedanken kam.

Die Rose war schon eine besondere Rose. Sie wuchs in jedem Winter, aber nur im Winter im Garten des Prinzen an so einem hübschen Strauch mit Dornen. Immer kurz vorm dunkel werden blühte sie im Winter silbrig farbig auf und das bis spätestens Mitternacht. Danach schimmerte sie ins Schwarze über und zerfiel, bis sie morgens wieder zurück ins Leben gerufen wurde und sich in die Farbe Rot verwandelte. Was hatte das nur zu bedeuten? Wahrscheinlich, dass die Abende und Nächte schlecht sind und einfach grausam, schrecklich oder gar fürchterlich und auch als schwarze Nächte bezeichnet werden?

Der Prinzessin war ein bisschen bange im Traum und sie hatte auch Angst um ihren Traumprinzen. Sie wollte ihn ja doch nicht verlieren und ihr war ja auch bewusst, dass da der Teufel mitspielte. Sie wollte diesen Menschen vor allem Unheil verschonen. Um nämlich den Teufel zu besiegen und die Rose zurück ins Leben zu erwecken, musste diee Prinzessin sich schon etwas einfallen lassen. Und das konnte nur eine Prinzessin: die Rose zum

Aufblühen bringen und den Teufel besiegen. Die Menschen wollten doch auch in ein glückliches, rosenreiches Leben wandern. Da entschloss sich Tarja, nachdem sie aus ihrem Traum erwacht war, der Sache nachzugehen, und sie ritt zu ihrem Traumprinzen Jukka. Sie machte sich nach am frühen Morgen auf den Weg. Sie stattete dem Prinzen einen Besuch ab, der sie schon sehnsüchtig erwartete.

Sie ritt los und traf unterwegs auf Dämonen und Geister, die dort umherirrten und ihr was Böses wollten. Die tapfere und mutige Prinzessin bekämpfte sie mit ihren Waffen und Mitteln. Sie hatte sich ähmlich auch ein Schwert mitgenommen. Es war ein langer Ritt durch die Nacht bis zum frühen Morgen, so endlos lang war er.

Als sie dann am frühen Morgen bei ihrem Traumprinzen Jukka ankam, begrüßte er sie schon an seinem Tor öffnete es und stellte sich vor.

Er freute sich, ihr wahres Gesicht mal zu sehen. Nun fing der Prinz an, von diesen unheimlichen, seltenen Ort zu erzählen, und er führte sie zu seinem wunderschönen Garten, wo die außergewöhnliche Rose am prachtvollen goldenen Strauch hing. Dort setzen sie sich auf eine Bank und unterhielten sich. Der Prinz mochte sie auch gerne und wollte sie schnellstens heiraten und da erzählte der Prinz mehr von der Rose. Jukka teilte ihr mit, dass die Winterrose am goldenen Strauch etwas mit dem Bann des Teufels auf sich hatte. Immer, wenn es Mitternacht schlug, wurde die Rose schwarz und der Teufel wurde dabei herbeigerufen und sorgte in dieser Kleinstadt für Angst und Schrecken. Und das ging von Nacht zu Nacht so. Der arme schöne Prinz fand keine Ruhe mehr in dieser Stadt und am Tage konnte er sich auch schlecht erholen und er bekam Albträume, die ihn bis spät in die Nacht quälten und angsteinflößend waren.

Der Ort war nach alten Legenden und Weißsagungen verflucht und die Menschen fanden auch keine Ruhe mehr. Das durfte nicht sein und Jukka wollte ja auch nicht, dass durch den Bann des Teufels seine Stadt untergeht. Das musste anders laufen, aber wie?

Die Prinzessin hörte ihm aufmerksam zu, und sie verstand alles, genau, wie sie es geträumt und sich schon gedacht hatte.

Der Prinz wollte den Bann des Teufels unterbrechen. Jukka fragte Tarja, ob sie katholisch sei und sie antwortete mit ja. Da fiel ihm die Kirche ein, die ihm gehörte, und er führte Tarja dorthin und er zeigte die Kirche mal genauer von innen. Er führte sie durch einen Gang nach oben. Da hatte er eine Idee. Ihm fiel ein, dass er noch Weihwasser in einer Weihwasserschale hatte. Damit könnte er den Teufel für immer verbannen und den Fluch der Rose bereinigen. Aber er könnte dann auch die

Geister und Dämonen vertreiben, den Bann des Teufels, und das Volk mit Prinz und Prinzessin könnten wieder friedlich leben; und der Prinz müsste nicht befürchten, dass sein Reich kurz vorm Untergang steht.

Dann nahm der Prinz Jukka sein Weihwasser an sich und somit verließen Jukka und Tarja wieder die Kirche. Denn der Teufel konnte nur mit Weihwasser besiegt werden.

Sie gingen wieder zurück in Jukkas Garten und dort setzten sie sich wieder hin und unterhielten sich den ganzen Abend durch gemütlich auf der Bank. Die Rose am goldenen Strauch wurde silbrig und immer dunkler. Sie warteten den ganzen Abend ab. Es passierte nichts. Da wurde es plötzlich leiser, stiller und unheimlicher um den Ort. Man konnte schon fast nichts mehr hören, so still war es geworden. Und Jukka und Tarja saßen ganz eng beisammen und da schlug der Zeiger der Uhr auf Mitternacht um. Es war spät in der Nacht und der Prinz nahm Tarja bei der Hand, damit sie jetzt tapfer blieb und sie blieb auch tapfer. Sie war ja auch eine mutige Prinzessin und dazu gehörte auch ein liebevoller Mann.

Nun riss Prinzessin Tarja die Rose am goldenen Stauch ab. Doch da war es schon fast zu spät und die Rose schimmerte ins Schwarze über. Sie zögerte ein wenig, wollte die Rose küssen und überlegte sich dann, das auch zu tun. Auf einmal verwandelte sich die Rose und wurde zum Teufel. Im letzten Moment konnte, obwohl die Prinzessin vom Teufel zu sich gerissen wurde und er ihr Böses antun wollte, der Prinz sie zu sich nehmen und darauf begoss Jukka den Teufel mit dem Weihwasser. Den Teufel widerte es an und plötzlich zerfiel er zu Asche und verschwand.

Und nun wurde es auch wieder Morgen und die Rose blühte wieder prächtig auf. Die Sonne ging auf und alles war wieder in Glückseligkeit. Der Prinz nahm die Rose an sich und sprach ein letztes Wort zu der Prinzessin: „Tarja, willst du mich heiraten?“ Und Tarja sprach: „Ja, ich will.“

So eröffnete der Prinz die Kirche erneut und der Prinz veranstaltete einen Festtag für ihre zukünftige Hochzeit.

Eines Tages heirateten sie und der Teufel tauchte nie wieder auf. Prinz Jukka und Prinzessin Tarja lebten wieder glücklich und zufrieden bis an ihr Ende. Die Menschen fühlten sich auch wieder wohl und lebten ebenso ein zufriedenes Leben mit Wohl- und Anstand. Und wenn Jukka von Nevaleinen und Tarja von Hofmannsgard noch nicht gestorben sind, dann leben sie noch heute.

Das verschollene Erbe der großen Königin Ankathrin

Es war einmal eine Königin. Sie hieß mit Namen Ankathrin. Sie lebte in den tiefsten Bergwäldern mitten in Montiego. Sie lebte dort auch ganz einsam mit ihren Rittern, die sie behüteten und Acht auf sie gaben.

Eines Tages gab es ein Erdbeben und alles fing um die Burg der großen und mächtigen Königin an zu beben. Deswegen gab es auch keine andere Lösung, als die Burg schnellstens zu verlassen.

„Schnell, Königin, wir müssen so schnell, wie es geht, hier raus, okay?“, sagte einer der Ritter.

„Einverstanden“, erwiderte. die Königin. Sie nahm ihren edlen Stock und spazierte nach draußen. Auf einmal fing auch noch ein Tornado an, umher zu wüten. Die Ritter sagten zu der Königin: „Wir müssen so schnell, wie es geht, hier weg. Königin, Ihr müsst jetzt auf unserer Rat hören und in eine andere Stadt ziehen.“

„Das ist jetzt wohl notwendig“, sah die König ein.

Doch auf einmal passierte das Unglaubliche. Ein Drache kam vom fernen Osten dahergeflogen. Er stürzte mitten auf die königliche Burg.

„Oh mein Gott, ein Drache, wir brauchen jetzt einen Drachentöter, um den Drachen zu erledigen. Sehr geehrte Königin. es wäre jetzt gut, wenn Ihr auf unseren Rat hören und umziehen. Am besten wäre es, sich die nächstliegende Burg zu kaufen und uns einen Drachentöter zu beschaffen", sagten die Ritter zu der Königin.

„Okay, einverstanden, dann höre ich auf eurem Rat, wenn ihr es nicht schafft, ihn alleine zu besiegen", sagte die Königin.

Die Königin stieg in ihre Pferdekutsche und ritt zur nächsten Stadt, die Stadt Moskana in Montiego, und begab sich somit in Sicherheit. Sie wusste genau, dass sie als Frau machtlos gegen so einen mächtigen Drachen war. Also kaufte sie sich eine neue Burg und zog hinein und sie besorgte wie versprochen den Rittern ihren Drachentöter.

Währenddessen kämpften die Ritter mit dem Drachen. Sie kämpften mit allergewaltigsten Kräften. Die Ritter schossen Pfeile auf den Drachen. Doch es war nicht leicht, ihn zu besiegen. Das war auch kein Wunder bei einem so hartnäckigen Drachen. Aber trotzdem gaben sie so schnell nicht auf. Doch auf einmal spuckte der Drache Feuer. Er traf einen der Ritter und der Ritter starb auch sofort daran. Sie kämpften weiter und hofften, dass der Drachentöter bald kommen würde. Und da hörten die Ritter auch schon ein Pferdegetrampel von fern her. In jedem Moment müsste Hilfe eintreffen. Und sie war auch wie versprochen im Auftrag der Königin da. Es war der Drachentöter, der eintraf: Er sagte zu den Rittern: „Hier bin ich, wie versprochen. Nun tretet zur Seite, ihr edlen Ritter, und überlasst ihn mir ganz allein."

Der Drachentöter hatte eine Lanze dabei und er erhob seine Lanze, gerichtet auf den Drachen, und er rannte mit hohem Tempo auf den Drachen zu. Er stieß mit seiner Lanze zu. Es traf die rechte Brust des Drachen. Doch die Lanze steckte fest. Der Drachentöter versuchte die Lanze wieder heraus zu ziehen.. Doch es klappte nicht. Der Drache würde verbluten, wenn nichts geschah. Doch dem Drachentöter war seine Ehre, den Drachen auf schnellsten Wege zu töten, zu teuer und deshalb brauchte er noch eine Lanze oder andere nützliche Waffen. Sie warteten vergeblich.

Währenddessen war die Königin tief in Gedanken und ihr kam der Gedanke, dass sie noch alte wertvolle Möbel in ihrer alten Burg liegen hatte, die ihr wichtig waren und die ihr viel bedeuteten. Sie wollte sie sich auf eigene Faust zurückholen. Aber ihr war auch klar und bewusst, dass der Drache ihr noch im Wege stehen könnte. Dann fiel ihr aber doch noch ein, dass sie eine alte Hand Gun in ihrer Pferdekutsche hatte. Also ging sie zur Kutsche und bewaffnete sich. In der Kutsche fand sie auch noch ein goldenes Schwert. Das nahm sie auch noch mit. Nun ritt sie auch schon los. Sie ritt durch endlose Waldgebiete Jetzt waren es nur noch wenige Minuten. Schon hatte sie ihr Ziel erreicht und sie kam vor ihrer alten Burg an.

Die Ritter jubelten über die Königin und verbeugten sich als Empfang.

Die Königin sagte zu den Rittern: „Meine tapferen Krieger, tretet zur Seite und hört besser auf meinen Rat. Die Kreatur gehört ganz mir allein. Ich werde euch jetzt beweisen, was eine Königin so alles kann.“

Sie ging mit Mut auf den Drachen zu. Sie erhob die Hand Gun und richtete sie auf den Drachen. Die Königin schoss. Sie traf die linke Brust des Drachen. Der Drache stürzte zu Boden und war ein wenig betäubt. Dann nahm die Königin das goldene Schwert und ritt auf den Drachen zu. Sie enthauptete ihn mit einem Schlag. Der Kopf rollte zu Boden. Dann passierte das Unfassbare: Der tote Kopf des Drachen verwandelte sich einen Silberkrug. Der Drache war nun tot. Die Reste des Drachen, so unglaublich es auch klingt, verzauberten sich in Goldmünzen und Goldketten und die von dem Drachen vernichtete alte Burg nahm ihre alte bezaubernde Gestalt an. Die Wände von innen waren in Goldfassung verziert. Die Ritter lobten ihren königlichen Sieg und sie waren echt stolz, so eine Königin zu haben. Jetzt war ihnen auch klar, dass der Krug Sinn machte und für die Goldmünzen gedacht war.

Die einsame, nicht allzu reiche Königin sammelte alle Goldmünzen ein. Sie erbte alles und wurde reich. Sie zog in ihre alten Burg ein und fühlte sich auch wohl im alten Zuhause. Der Drachentöter erzählte ihr, dass das wohl der Drache der geheimnisvollen Schätze gewesen war. Wer ihn tötet, bekommt alles Gold der Welt.

Die Königin lebte glücklich und zufrieden bis an ihr Ende. Sie wurde vom Papst in Moskana zur Kaiserin gekrönt und heiratete einen König.

Geistergeflüster

Es war einmal ein Mann. Er wohnte in einem Schloss. Jeden Tag hatte er wirre Träume, sogenannte Albträume. Eines Tages träumte er von einem Geist. Der Geist, mit dem er sich unterhielt, vermittelte ihm eine Botschaft. Das war eine gute und zum anderen Teil eine schlechte Seite. Die gute Seite der Macht sagte ihm, dass er eine nette und reiche Frau kennenlernen würde, und die schlechte Seite der Macht sagte ihm, dass er zu jeder Tages- und Nachtzeit von anderen bösen Geistern träumen würde. Des weiteren hielt er Kontakte mit dem Geist im Schlaf. Der gute Geist half ihm aus seinen Albträumen raus.

Als er wieder schlafen ging, rief er: „Komm zu mir, Geist.“ Und schon wurde der Geist herbeigerufen. Der Mann erwachte wie aus einem psychotischen Traum. Die nächsten Nächte träumte er nie wieder von bösen Geistern. Dem Übel wurde ein Ende gesetzt. Doch es kamen wiederum Tage, wo er Albträume hatte. Aber auch sie waren eines Tages vorbei.

Denn bald besuchte ihn auch schon seine neue Frau, die Kräuterkönigin vom Walde. Der Tag begann, als er die reiche Frau kennenlernte. Sie trat am Morgen ins Schloss hinein und klingelte an der Schlosstür. Der Schlossherr öffnete die Tür.

„Tretet ein, meine verehrte Schlossherrin.“

Die Dame sprach: „Darf ich mich vorstellen, ich bin die Kräuterkönigin vom Walde. Ich möchte Euch Eure Albträume beseitigen.“

Schon gab die Kräuterkönigin ihm gewisse Extrakte gegen Albträume, sogenannte Teekräuter vom Walde.

Liebevoll kümmerte sich die Schlossdame um ihn. Er nahm jetzt auch regelmäßig die Teekräuterextrakte zu sich.

Eines Tages hatte er es geschafft und er hatte nie wieder Albträume. Sie lebten glücklich und zufrieden bis ans Ende. Und wenn sie nicht gestorben sind, dann leben sie noch heute.